CONTENIDO

INTRODUCCIÓN

¿Sospechas que tu amigo tiene una relación abusiva?

Tu amigo puede ser chico o chica, homosexual o heterosexual, aceptar o no que sufre abuso, estar deseando escapar de la relación o dispuesto a continuarla. Sean cuales sean las circunstancias,

Sentirse atrapado en una relación abusiva es una experiencia deprimente, pero los amigos pueden hacer mucho para ayudar.

¿Cómo puedo ayudar?

Para eso están los amigos ™

CÓMO AYUDAR A UN AMIGO EN UNA RELACIÓN ABUSIVA

Martin Gitlin

ROSEN
PUBLISHING
New York

Published in 2017 by The Rosen Publishing Group, Inc.
29 East 21st Street, New York, NY 10010

First Edition

Library of Congress Cataloging-in-Publication Data

Names: Gitlin,Marty, author.
Alberto Jiménez: Traductor.

Title: Cómo ayudar a un amigo en una realción abusiva (Helping a friend in an abusive relationship) / Martin Gitlin.
Description: First edition. | New York : Rosen Publishing, 2017. | Series: How can I help? Friends helping friends | Includes bibliographical references and index.
Identifiers: ISBN 9781499466089 (library bound) | ISBN 9781499466065 (pbk.) | ISBN 9781499466072 (6-pack)
Subjects: LCSH: Intimate partner violence—Juvenile literature. | Dating violence—Juvenile literature. | Teenagers—Abuse of—Juvenile literature.
Classification: LCC HV6626 .G557 2017 | DDC 362.82/92—dc23

Manufactured in China

si sospechas que mantiene una relación peligrosa, sabes que querrás ayudarlo.

También sabes que la ignorancia suele ser perjudicial, así que aprende lo que puedas sobre el tema y toma conciencia de lo que tu amigo experimenta. Para ser de alguna ayuda, debes conocer las señales de alerta del abuso emocional y físico, así como comprender en qué consiste el abuso. Solo familiarizándote con el tema podrás ayudar a las víctimas.

Estas cosas dan miedo, pueden ser abrumadoras e intimidantes. Sin embargo, es importante saber que ni tú ni tu amigo están solos. Los familiares de confianza son fuentes de amor y comprensión que aconsejan y apoyan. Los orientadores escolares no solo tratan las cuestiones académicas de los alumnos, sino también las personales. Los profesionales de salud mental brindan la terapia que da a la víctima la fuerza emocional necesaria para hacer frente a sus agresores y librarse de los grilletes de las relaciones dañinas. En internet hay múltiples agencias y sitios web que proporcionan defensa y apoyo, así como conocimientos sobre el tema y rutas de acceso a una vía de escape. Además, las fuerzas policiales están disponibles para proteger a los que temen por su seguridad. Al recopilar información para ayudar a tu amigo, verás en detalle todos estos recursos.

Por desgracia, tu amigo no es el único que sufre una relación abusiva. Según el sitio web Love is Respect, casi 1.5 millones de alumnos de secundaria estadounidenses sufrieron abusos físicos durante un período de un año. Alrededor del 10 por ciento fueron golpeados o maltratados de una forma u otra por su pareja. Uno de cada tres adolescentes fue el blanco de abuso físico, sexual, emocional o verbal por parte de su pareja. Estas cifras superan las tasas de otras formas de violencia juvenil.

Todos pensamos que nuestros amigos o conocidos no van a sufrir abusos, pero las estadísticas demuestran que estamos muy equivocados, sobre todo en el caso de las mujeres. De acuerdo con Love is Respect, los casos de violencia que sufren las jóvenes de entre dieciséis y veinticuatro años casi triplican el promedio nacional. A veces, las parejas empiezan las agresiones cuando solo cuentan doce años y suelen intensificarlas con el paso del tiempo. Más de uno de cada cinco adolescentes ha sido física o sexualmente agredido por su pareja, según *USA Today*.

Estas significativas estadísticas te ayudarán a entender la delicada situación que atraviesa tu amigo. Sin embargo, ni el conocimiento de las cifras ni el amor por la víctima crea un experto en la materia. El intento de aconsejarle podría hacer más daño que bien, ya que se trata de un asunto grave que influye en la salud mental, emocional y física.

Es importante que él sepa que te preocupas, es importante que le proporciones apoyo, ánimo e incluso refugio. Pero, sobre todo, es vital que lo orientes en la búsqueda de profesionales capacitados que lo insten a seguir los planes necesarios para salir de la situación. Saber qué es lo mejor para tus amigos es lo que te convierte en el mejor amigo de todos.

CAPÍTULO UNO

¿CÓMO LO SABES?

El primer paso para ayudar a un amigo que sufre una relación abusiva es conocer el funcionamiento de ésta, lo que resulta especialmente difícil cuando el afectado no reconoce el abuso o no está dispuesto a aceptar que se ha convertido en una víctima.

No importa si es chico o chica. Quienes tienen la impresión de que solo las jóvenes y las mujeres son víctimas de relaciones abusivas están equivocados. Según la National Domestic Violence Hotline, más de una de cada tres mujeres de Estados Unidos han sufrido violencia física o acoso por parte de su pareja, pero casi el 30 por ciento de los hombres han sido también víctimas de malos tratos. Aunque en Estados Unidos, más o menos el 80 por ciento de todas las víctimas desde 1994 a 2010 fueron mujeres, el número de víctimas masculinas es demasiado grande para ser ignorado. La violencia de pareja afecta a más de doce millones de estadounidenses cada año. Estas cifras no incluyen las formas más sutiles de maltrato, propias de los abusos emocionales, como la intimidación y la manipulación.

Todo el que desee ayudar a un amigo necesitado debe conocer las señales de alerta de una relación abusiva.

SEÑALES DE ALERTA

Cuando un amigo es víctima de abusos, hay signos relativamente fáciles de detectar mediante la observación y las conversaciones intranscendentes. Tal vez hayas notado que su pareja lo insulta o lo rebaja en presencia de otros, haciéndole sentir vergüenza en público. Muchas víctimas aceptan esos insultos y, a consecuencia de ello, el respeto que sienten por sí mismas se debilita. Es bueno que le digas a tu amigo que no te gusta cómo está siendo tratado y que quieres ayudarlo, pero no lo hagas con brusquedades ni exigencias, porque eso lo haría sentirse mal.

Los amigos de una víctima observan también que está siendo controlada, lo que es una forma de abuso emocional. Su pareja decide a quién puede frecuentar, cómo vestir, dónde puede ir o en qué actividades le está permitido participar. Los abusadores utilizan tales tácticas para sentirse dueños de la relación.

Pretenden que sus parejas actúen como ellos quieren, lo que puede incluir el uso de alcohol u otras drogas o las relaciones sexuales no consentidas. Para obligar a su pareja, llegan incluso a intimidarla físicamente con pistolas, navajas u otras armas; lo que sea a fin de ejercer el control de la relación.

Quizá tu amigo se sienta lo bastante intimidado o avergonzado como para mantener el abuso en secreto, o piense que tener pareja es fundamental y que abrirse a otra persona pondría en peligro su relación. No obstante, los amigos no tienen que sospechar que existe un problema para investigarlo: los auténticos amigos observan, escuchan y recogen los indicios que demuestran que el problema existe. Después hablan con terapeutas especializados en el tema para informarse lo más posible. Incluso con preguntarle a tu amigo cómo va su relación, sabrás por su lenguaje verbal y corporal si necesita ayuda.

Busca señales de abuso emocional: tal vez te haya llamado la atención que se muestre excesivamente ansioso por complacer a su pareja secundándola en todo lo que hace o dice, o que siente la necesidad de consultarla sin parar por mensajes de texto o llamadas, o que deje de participar en actividades que le apasionaban a fin de pasar más tiempo con ella. Una relación es sana si sus miembros están libres de temores y pueden crecer tanto separadamente como juntos. Cualquiera que conozca y entienda la personalidad de tu amigo podrá identificar los cambios que tal vez indiquen abuso emocional. Alguien normalmente extrovertido puede convertirse en una persona retraída. Su confianza podría haberse evaporado,

APRENDIZAJE SOBRE EL ABUSO MEDIANTE LA POESÍA

La joven actriz Sarah Hyland, que se hizo famosa gracias a su participación en la exitosa y aclamada comedia *Modern Family*, ganó una fama indeseada por la orden de alejamiento que obtuvo contra su novio, Matt Prokop, después de que él abusara de ella física y emocionalmente hasta el punto de hacerle temer por su vida. Hyland guardó silencio sobre el asunto, con la esperanza de pasar a un nuevo capítulo. Sin embargo, el programa de entrevistas de Meredith Vieira la hizo hablar un mes después de la presen-tación de los docu-

Sarah Hyland fue víctima de uno de los casos más publicitados de abuso relacional, pero se inspiró en la poesía y tomó medidas por sí misma.

mentos legales para mantener a Prokop alejado. Hyland habló de la inspiración que recibió de la poesía, lo que demuestra que uno puede encontrar aliento en gran variedad de fuentes.

"Hay dos textos que quiero citar –le dijo a Vieira–, el poema de Dylan Thomas: *No entres dócilmente en esa buena noche. Rabia, rabia contra la muerte de la luz*, que es uno de mis poemas favoritos, simplemente me toca la fibra sensible, y el de Robert Frost *La única salida está atravesándolo*. Hay que pasar por las cosas para llegar a ser lo que uno es".

y tal vez se transforme en una persona deprimida y ansiosa que habla con frecuencia de la futilidad de la escuela o de la vida en general.

También puede haber signos evidentes de abuso físico, como contusiones, magulladuras, hematomas… Las víctimas de abuso físico a menudo usan prendas amplias que les sirven para esconder tales huellas. El uso de manga larga en verano y gafas de sol en interiores indica a veces la presencia de abuso. Las faltas frecuentes a clase o al trabajo también pueden indicar violencia física.

En tanto que amigo, puedes buscar otras señales de una relación abusiva. Las parejas abusivas a menudo tratan de controlar los hábitos de consumo e imponer otras restricciones a sus novios o novias. Si la pareja de tu amigo le ha impedido comprar algo que deseaba o asistir a un acontecimiento que esperaba con ansia, estate muy atento. ¿Por qué alguien

Chismorrear y utilizar los medios sociales para difundir rumores sobre un amigo puede ser dañino y hasta peligroso para su relación de pareja.

que ama a tu amigo querría frustrarlo de esa manera?

NO CHISMORREES

Es importante recordar que, de momento, esta delicada situación debe seguir siendo privada. Podría ser tentador para ti compartir tus inquietudes con otros amigos, en persona o a través de mensajes de texto y correo electrónico.

En este punto del proceso, tu amigo, la víctima, no es consciente de sus miedos; tú vas a ser su única fuente de información al respecto. Si necesitas compartir tus preocupaciones, hazlo a través de conversaciones confidenciales con orientadores y profesionales especializados en relaciones abusivas: te brindarán ideas que podrás utilizar para averiguar si tu amigo es realmente una víctima.

Es particularmente nocivo que tu amigo descubra tus sospechas en las redes sociales, como Facebook; el vínculo de confianza que mantiene contigo se rompería antes de que tuvieras oportunidad de ayudarlo. Imagínate cómo te sentirías tú, qué traicionado, si un amigo tuyo iniciara un hilo en internet para contar tus problemas: esto incluso provocaría que tu amigo se aferrara aún con más fuerza al abusador. La táctica podría resultar aún más peligrosa si el abusador la percibe como algo que amenaza el control que tiene sobre tu amigo.

SOLO PUEDES HACER LO QUE PUEDES HACER

Es importante entender que los únicos que debieran participar en cualquier momento, además de ti, son la víctima, los miembros adultos y de confianza de su familia y profesionales especializados, como orientadores, médicos especialistas en relaciones abusivas y funcionarios policiales. También es necesario entender el proceso. Un amigo que ayuda a un amigo puede buscar profesionales, pero involucrarlos en el asunto es cosa de la víctima. Puedes, sin embargo, intentar convencer a la persona maltratada de que utilice todos los recursos disponibles para encontrar la solución ideal al problema.

Una vez que las sospechas de abuso se confirmen, tienes que comunicar tus sentimientos a la víctima de forma que se sienta apoyada. Insinúale que te preocupan los posibles malos tratos, pero no la juzgues, ni siquiera si te dice que todo va sobre ruedas y que quiere conservar la relación. Debes manifestar que eres consciente de la dificultad que entraña hablar de los malos tratos, pero que tiene que saber que los amigos están siempre disponibles para lo que necesite.

Dile algo como: "Estoy preocupado porque me importas. Estoy aquí para ayudarte. ¿Va todo bien? ¿Quieres hablar de algo?". Katie Ray-Jones, consejera delegada de la National

El apoyo de un grupo de amigos es crucial para ayudar a una persona a salir de una relación abusiva.

Domestic Violence Hotline, explica: "Si has notado cambios específicos, házselos notar". "No nos vemos tanto como antes; he observado que tu pareja se altera si no contestas el teléfono, y parece ponerse de los nervios cuando hablas de tus compañeros de la secundaria". Si sientes que está en peligro utiliza un lenguaje más directo: "Me preocupas; te he visto magulladuras. ¿Va todo bien? ¿Necesitas algo?".

Lo que tu amigo requiere más que nada es una caja de resonancia, alguien que la escuche. Esto no se puede lograr en un ambiente agitado o ruidoso. Encuentra un lugar tranquilo favorable a las confidencias, a una hora buena para ambas partes y que impida las interrupciones. Acércate a tu amigo sin enfrentamientos: comienza con una pregunta simple que no aluda directamente a la relación abusiva. Simplemente con decirle que parece más estresado o un poco deprimido, él podría abrirse al intercambio de impresiones acerca de su pareja. Cuando se establece esa línea de comunicación, la víctima estará más dispuesta a confiar en el juicio del amigo. Incluso si se cierra en banda sabrá que se preocupan por su causa, y será más probable que cuestione la relación a pesar de no haber admitido previamente la existencia de abuso.

Se ha dicho que se capturan más moscas con miel que con vinagre. Esa vieja expresión es particularmente oportuna en este caso. Quienes demuestran su preocupación a través de la bondad tienen más posibilidades de conseguir el éxito al ofrecer ayuda que quienes la demuestran mediante la ira o el juicio.

CAPÍTULO DOS

DAR EL SIGUIENTE PASO

Tal vez tengas suerte: tal vez tu amigo admita inmediatamente que tiene un problema y que está dispuesto a tomar todas las medidas necesarias para resolverlo, pero tal vez no.

Los amigos que ayudan se encuentran a menudo con un cierto nivel de resistencia a lo largo del proceso. La víctima sostiene a veces que no hay tal abuso en su relación o que, a pesar de las pruebas, de los episodios de abuso, el agresor tiene un corazón de oro y es capaz de cambiar. Podría argüir incluso que quien intenta ayudar tiene celos de la relación e intenta romperla interesadamente.

Algo tan personal como con quién sales, con quién estás, puede producir una amplia gama de respuestas, incluyendo ira y resentimiento. Lo que es importante es que entiendas que no debes dejarte arrastrar por esa montaña rusa emocional. Por el contrario, tu apoyo positivo debe ser inquebrantable. Escucha a tu amigo en vez de reaccionar, intenta ayudarlo en lugar de juzgar; incluso si te parece que su decisión es definitiva y tú sigues teniendo la firme sospecha de una relación abusiva, no lo juzgues. Eso terminaría de destrozar una autoestima ya debilitada por la relación, alejándolo de la ayuda que tanto precisa y acercándolo aún más al abusador.

Es de vital importancia que no menosprecies a tu amigo. Aunque en ocasiones sean capaces de mantener una fachada estoica, las víctimas de una relación abusiva ya han perdido unos cuantos niveles de autoestima. Acusarlo de ser débil por anhelar no perder a su pareja a pesar de las consecuencias negativas de la relación, solo puede deteriorar todavía más un ego ya tocado. No eres un terapeuta profesional. Debes evitar cualquier cosa que perjudique a tu amigo psicológicamente; debes proporcionarle apoyo, y los comentarios tajantes surtirían el efecto contrario.

Un enfoque negativo de la comunicación no es una forma efectiva de abrirse a fin de admitir el problema y tomar las medidas necesarias para resolverlo.

CÉNTRATE EN LO POSITIVO

Quienes intentan ayudar a un amigo deben perseverar, incluso si en determinados momentos les parece que es como hablar con una pared. Tal vez la conversación inicial no dé el fruto deseado, que es admitir que mantiene una relación abusiva y expresar el deseo de salir de ella. Hay formas de apoyo, sin embargo, para demostrar que te preocupas mientras aumentas su nivel de autoestima y su confianza en sí mismo.

Una de ellas es animarlo a participar en actividades que no incluyan al abusador y en las que participen otros amigos y familiares. Estos le proporcionarán un refuerzo positivo a través del disfrute de su compañía, sean conscientes o no del problema. Lo que importa es que la experiencia ayudará a la víctima a valorarse más.

Otra forma de ayudarlo sin forzar el tema es hacerle entender lo que debe implicar una relación de pareja saludable. Puedes hacerlo mediante la planificación de actividades con parejas de su edad que mantengan una relación feliz y sin

Experimentar la alegría de amistades y relaciones saludables puede ayudar a un amigo maltratado a comprender la negatividad de su relación de pareja.

sombra de malos tratos. Ese tipo de relación posibilita que ambos miembros tengan libertad para crecer por separado y tiempo de abrazar relaciones platónicas con los demás. Tu amigo daría un paso adelante al saber en qué consiste una relación sana y compararla con la que mantiene. Esto se puede lograr sin que sospeche un motivo ulterior planeando una actividad con una pareja que mantenga una relación sana, para que observe cómo interactúan.

Las comparaciones positivas resultan críticas en los

ABUSO EN PRIMER PLANO

Al principio, la cantante pop Rihanna no sufrió abuso físico público por parte del también artista Chris Brown. Con el paso del tiempo, una de las agresiones se hizo de dominio público causando furor en la industria del entretenimiento. Fue un incidente concreto lo que puso esa relación bajo los focos.

Rihanna quedó magullada y ensangrentada después de que Brown la golpeara e intentara estrangularla en un automóvil en 2009. Pasaron meses después de que Brown fuera detenido y antes de que Rihanna hablara de los abusos públicamente. Reveló que su padre también había sido un abusador y que había jurado que nunca saldría con uno. En el momento de la agresión ella no dejaba de preguntarse cuándo iba a parar. Añadió que, eventualmente, se sentía contenta de que le hubiera sucedido a ella porque, en tanto que celebridad, podía hacer que su experiencia ayudara a otras chicas con problemas similares.

tiempos que corren. Los informes de relaciones abusivas abundan en esta era de las redes sociales. Los adolescentes a menudo perciben este tipo de comportamiento entre las celebridades como normal y, por tanto, lo aceptan en sus propias vidas. Muchos adolescentes de ambos sexos creen, por ejemplo, que es aceptable que las chicas golpeen a los chicos. Cuando Chris Brown se reveló como alguien que abusaba de su compañera Rihanna, Emilio Ulloa, experto en violencia entre parejas que investiga el tema en la Universidad Estatal de San Diego, señaló que muchos estudiantes pensaban que probablemente Rihanna había hecho algo para merecerlo. Sin embargo, nadie se merece ser maltratado.

La cantante Rihanna (derecha) recibió una enorme atención cuando la opinión pública supo de la relación abusiva a la que su novio, Chris Brown (izquierda), la sometía.

CONTROLAR NO ES AMAR

Quienes creen que la violencia en las relaciones románticas es aceptable en base a lo que escuchan o leen son mucho más propensos a aceptarla en su propia vida. Los adolescentes deben entender que ninguna forma de abuso mental, emocional o físico es tolerable. Cuando lo comprenden deben tratar de que sus amigos también lo hagan. Tu amigo o amiga debe saber que el control de un novio o novia no debe malinterpretarse como un signo de amor. La ayuda no consiste en echarle sermones, sino en mostrarle cuánto valoras su amistad y cuánto la valoran otros. Que la víctima sepa lo mucho que significa para ti mejorará enormemente su autoestima.

El consuelo y el apoyo van de la mano de la comprensión. Cabe la posibilidad de que tu amigo creciera en el seno de una familia donde se dieron relaciones abusivas, con lo cual estaría más dispuesto a aceptar conductas similares en su propia vida. También debes ser consciente de que la falta de amor y aprobación de otros miembros de su familia puede ser la base de un intenso deseo de mantener una relación en la que percibe amor y aceptación, sin que existan realmente.

EL CONOCIMIENTO TRAE LA COMPRENSIÓN

Es probable que te hayas acercado lo bastante a tu amigo como para saber cómo ha sido conformado por sus experiencias vitales. Sabes también lo suficiente sobre su relación actual para albergar la firme sospecha de que ha sido objeto de abusos. En tal caso debes aprender todo lo posible sobre relaciones abusivas y sobre la mentalidad y la motivación de los abusadores para poder hablar con conocimiento de causa. Por ejemplo, los abusadores tienden a intensificar su comportamiento con el tiempo. No abusan inconscientemente, sino que lo hacen por razones egoístas. El abuso ni puede ni debe atribuirse a factores externos como drogas, alcohol, problemas financieros, depresión, celos o el propio comportamiento de la víctima. Los abusadores intentan a veces tranquilizar a su pareja pidiéndole disculpas, pero eso no es más que otra forma de manipulación.

Es importante que te informes, no solo acerca de la relación personal de tu amigo o amiga, sino también sobre las relaciones abusivas en general. Compara lo que sepas sobre la relación con los hechos sobre maltrato que encuentres en internet, así como en conversaciones con terapeutas y organismos locales que se enfrentan a este tipo de violencia.

Es crucial que no utilices estos conocimientos de manera agresiva, incluso si crees que, al principio, tu amigo no se siente una víctima. Lo que la víctima afirma debe aceptarse como verdadero. Escucha sin juzgar. Tu amigo o amiga podría haberse convencido de que no pasa nada, mientras es pasto de la vergüenza y la ineptitud. Expresar incredulidad puede ser contraproducente, aunque pienses que está defendiendo al abusador y a la relación a fin de asegurarse protección emocional. Las víctimas no pueden ayudarse a sí mismas hasta que empiezan a pensar que su relación no marcha. No fuerces a tu amigo para que cambie la relación o la abandone. El abusador le ha despojado de su poder, y este solo se restablece mediante acciones positivas. Hasta ese momento, limítate a dar por buenos sus sentimientos y fomenta su autoempoderamiento.

El autoempoderamiento no significa que tenga que enfrentarse sin ayuda a la situación. ¡Todo lo contrario! Tu trabajo es animarlo a que busque y siga el consejo de quienes se centran en ayudar profesionalmente a los jóvenes presos en relaciones abusivas. Tú puedes convencerlo de que mantenga una mente abierta y hable con un profesional, incluso si manifiesta una y otra vez que la relación es sólida. La clave es conseguir que solicite la ayuda de un experto. Recuerda, tú no lo eres, pero has encontrado a alguien que sí lo es. En cualquier caso, tu misión está lejos de terminar.

MITOS Y HECHOS

MITO: Las víctimas tienen un tipo de personalidad que los hace aceptar o incluso alentar el abuso.

HECHO: Muchos estudios han confirmado que no existe un conjunto de rasgos de personalidad que describa al abusado. El abusador es el único responsable.

MITO: Los incidentes de violencia relacional son generalmente el resultado de una pérdida momentánea de los estribos.

HECHO: Es todo lo contrario. El abusador toma una decisión consciente para golpear y almacena la ira y la frustración durante el transcurso del día para volcarlas sobre la víctima.

MITO: Los varones son rara vez víctimas de relaciones abusivas.

HECHO: El veinte por ciento de todas las víctimas de la violencia de pareja desde 1994 hasta 2010 en Estados Unidos fueron hombres.

CAPÍTULO TRES

NO ABANDONAR EL BARCO DE LA AMISTAD

No es posible ayudar a alguien que se niega reiteradamente a recibir ayuda. Sin embargo, la víctima de una relación abusiva con toda seguridad quiere mejorar su vida. El compromiso de un amigo no debe terminar si las primeras conversaciones revelan falta de voluntad inicial para aceptar el apoyo o insistencia en que la relación que mantiene es perfectamente sana.

El primer paso para romper el hielo es no forzar la participación de extraños. Puedes comenzar simplemente diciéndole que hay muchos sitios web que se centran en

Los momentos de introspección permiten a los amigos reflexionar y aprender sobre las maneras más prácticas de ayudar a quienes sufren relaciones abusivas.

los adolescentes y ofrecen información sobre las relaciones abusivas; esto le ayudará a cobrar conciencia de que es una víctima y de que no tiene por qué avergonzarse. El anonimato y la presión relativamente suave de leer la información que le ofrece internet es una buena forma de empezar a ayudar a tu amigo o amiga.

PRIMERA PARADA: INTERNET

Entre los grandes recursos que ofrece la red está Love is Respect (http: //loveisrespect.org), que compara y contrasta las relaciones saludables y las no saludables. Hace hincapié de que en una relación floreciente ambas partes pueden expresar sus opiniones y sus preocupaciones libremente y sin temor. Señala que el respeto mutuo es la piedra angular de una relación sana y que el compromiso es la clave para poner fin a los desacuerdos de manera justa. El sitio también destaca la importancia de construir confianza en lugar de romperla mediante insultos y humillaciones. Subraya la necesidad de que ambas partes establezcan un marco de convivencia que permita a cada uno, por separado, pasar tiempo con otros amigos, participar en las actividades que elija y mantener la privacidad del correo electrónico y las redes sociales. Love is Respect también ofrece una lista de los sistemas de apoyo y los detalla, así como cuestionarios para que los usuarios aclaren la naturaleza de su relación, proporcionándoles herramientas para saber si su abusador es capaz de cambiar.

Otro sitio web de gran interés es Start Strong (http: // startstrongteens.org), asociado al programa Futures without Violence. El sitio, dirigido específicamente a estudiantes de secundaria, trata de sembrar las semillas del éxito mediante la educación de quienes probablemente aún no tienen parejas, ofreciéndoles las claves de una relación saludable. Start Strong trabaja en el empoderamiento de los adolescentes para ayudarles a construir una autoestima fuerte a edades precoces, a fin de que puedan transferir con mayor facilidad estos rasgos positivos a sus eventuales relaciones. El resultado son menos abusadores, menos víctimas y más adolescentes capaces de reconocer el abuso cuando se enfrentan a él.

Otro sitio digno de mención es Teens Experiencing Abusive Relationships (http://teensagainstabuse.org). Particularmente relevantes son las páginas tituladas "¿Es mi amiga una víctima?" y "Escapar de las malas relaciones". La primera indica los signos de sospecha de una situación abusiva que deben hacer consciente a la persona en cuestión de que es una víctima; entre ellos se encuentran el temor a desagradar a la pareja o no disfrutar de actividades que habían sido importantes fuentes de satisfacción antes de conocerla. La segunda explica un proceso de cuatro pasos para romper las cadenas de la relación abusiva, y es muy útil para quien ya ha decidido recuperar su libertad.

Teens Experiencing Abusive Relationships ofrece también un diagrama de tarta que permite que alguien que ha admitido ser víctima descubra el nivel de abuso alcanzado. El Ciclo del Abuso tiene cuatro fases: la primera es la verde, en la que ambos miembros de la relación son felices y la relación es disfrutable y satisfactoria. En la siguiente fase, la amarilla, aparecen grietas en la relación, el abusador muestra sus frustraciones y subsiguen pequeñas discusiones. La víctima intenta aplacar a su pareja, calmarla pasando más tiempo

En lo que se ha denominado el Ciclo del Abuso aparecen con frecuencia agresiones físicas e incluso palizas.

con ella que con otros, pero estos esfuerzos no tienen éxito y los desacuerdos se convierten en broncas a gritos en las que el abusador culpa de todo a la víctima.

El nivel más peligroso es el rojo. Es la fase más breve y más dañina. Un pequeño incidente puede terminar en violencia física, humillación pública o incluso el uso de armas.

La víctima suele encontrar en esta etapa el coraje necesario para ponerse en contacto con las autoridades y romper con el abusador. Pero es también frecuente que ninguna de las partes tome las medidas precisas para que la separación se haga definitiva, con lo que el proceso vuelve a la fase verde. El abusador se disculpa, compra un regalo (unas flores, por ejemplo) para la víctima como prueba de sinceridad

FAMA, FORTUNA, Y RELACIONES ABUSIVAS

A la joven actriz, directora y cantante Debby Ryan todo parecía irle estupendamente. La carrera de la exestrella de Disney era floreciente, pero sus fans nada sabían de que era víctima de una relación que pasaba por todo el Ciclo del Abuso. Con veintidós años, habla de los demonios contra los que estuvo luchando para tratar de salvar una relación que no era digna de ser salvada.

"El amor se vuelve loco, se hace duro; luchar por una relación representa mucho trabajo y puede ser muy hermoso, pero si tienes que luchar por algo que no te hace más fuerte ni mejor, sino todo lo contrario, algo marcha muy mal", explicaba. "Llegamos a un punto en que él me agarraba y me zarandeaba, me gritaba, me echaba de las habitaciones, me tiraba cosas, me insultaba, me suplicaba perdón, me lloraba, todo esto mientras yo trataba de que la relación no se viniera abajo, de justificarla. Y en ese punto llegué a pensar que tal vez había visto una bandera roja... Tuve la enorme suerte de que hubo gente que me ayudó a sacar a esa persona de mi vida, de mi casa. Algo así como a poner un cerrojo nuevo".

Ryan quiso entonces ayudar a otras personas presas de relaciones abusivas. Empezó a trabajar con la firma de cosméticos Mary Kay y Love is Respect en la campaña "Do not Look Away" (No apartes la vista), que pretende concienciar sobre el abuso en las relaciones adolescentes.

y promete cambiar. La víctima cede y abandona cualquier intento de castigarlo con la esperanza de una solución pacífica y duradera. El abusador casi nunca aprende nada de la experiencia, y el ciclo recomienza.

Extraer conocimientos de estos sitios te permitirá hablar más expertamente con tu amigo sobre problemas del pasado que contribuyen a su situación actual. Ten en cuenta, sin embargo, que no eres un profesional de salud mental. A pesar de que estos sitios ayudan a explicar por qué tu amigo podría estar permitiendo o incluso aceptando el abuso, no estás en condiciones de analizar su estado emocional.

Puedes hablar de ello con la víctima si muestra disposición, pero en lugar de intentar descifrar si la relación se inscribe en el Ciclo del Abuso, es mejor dirigirla con suavidad para que hable con sus seres queridos o con un orientador de confianza. Cuando se muestre dispuesta a recibir ayuda es el momento de sugerirle, sin amonestarla, que se ponga en contacto con un especialista para juzgar si la suya es una relación saludable o destructiva. Tú, por tu parte, ya tienes ciertos conocimientos sobre cuáles son los vínculos entre ella y los miembros de su familia así como de la forma de abuso (emocional o físico) que sufre, y la fase del Ciclo del Abuso en la que se encuentra. Ahora puedes proponerle las alternativas más lógicas y potencialmente útiles.

A QUIÉN RECURRIR EN BUSCA DE APOYO

Puede que basándote en tu comprensión de la familia de tu amigo, sientas que recurrir al amor y la atención del padre o de la madre es el mejor camino; en otros casos supondrás que otro familiar, un hermano mayor, por ejemplo, sería la mejor fuente de asesoramiento. O tal vez los padres o hermanos de tu amigo son parte del problema y representan un obstáculo para sus progresos. Si es el caso, sugiérele que se reúna con

Los grupos de apoyo que ayudan a las víctimas de relaciones abusivas se pueden encontrar a través de muchas vías, incluso en las escuelas y en internet.

un orientador escolar o que acuda a una institución local que luche contra estas situaciones y proporcione asesoría o grupos de apoyo. Esto último es particularmente tentador, ya que permite a tu amigo interactuar con otros que experimentan los mismos problemas sin que los compañeros de clase, por ejemplo, lo sepan.

El abuso físico plantea otra serie de cuestiones y opciones. Si tienes claro que la persona en cuestión ha sido amenazada de abuso físico o lo ha sufrido, tendrás que optar por un enfoque más drástico, como ponerte en contacto con las líneas directas contra el abuso o las fuerzas del orden.

Este paso es parte de una red de seguridad que permitirá a tu amigo escapar de lo que se ha convertido en una situación peligrosa; lo examinaremos en profundidad en la siguiente sección.

Pero, en última instancia, lo que cuenta es que la víctima se responsabilice de su situación. Aunque es difícil e incluso doloroso ver que causan daño emocional o físico a alguien cercano a ti, tu amigo debe hacerse cargo de su propia vida. El apoyo es importante, pero debes mantenerte firme incluso si decide quedarse en lo que, para ti, es una relación abusiva.

Lo que no podrás es cambiar la mentalidad de tu amigo por tu cuenta. Lo más probable es que si lo empujas a actuar en contra de su voluntad esa acción no sea permanente. Tu amigo debe cambiar antes de elegir cambiar su vida. Y eso requiere el asesoramiento y el trabajo de los profesionales cualificados para ayudar a los adolescentes que se encuentran atrapados en relaciones abusivas.

CAPÍTULO CUATRO

CONFIGURAR UNA RED DE SEGURIDAD

Tu amigo ha estado cayendo. Ahora es el momento de ayudarlo a establecer una red de seguridad, un plan práctico y personalizado para que quienes sufren relaciones abusivas permanezcan ilesos antes y después de salir de ellas. Esto también pone en juego a los adultos más adecuados para ayudar a la víctima según el tipo de abuso y la fase que atraviese.

Ello no te deja fuera de la foto. Nunca debes renunciar a la situación ni negarte a tomar en serio a tu amigo, ni siquiera cuando afirma cosas sobre la relación que parecen ridículas. Se necesita persistencia para ayudar a un amigo en apuros, y no debes minimizar la importancia de tu trabajo, que es, ni más ni menos, ayudar a la persona en cuestión a tomar decisiones que potencialmente representan un cambio de vida, tarea que comienza brindándole apoyo emocional continuo.

RETROCEDER, NO ALEJARSE

Debes validar los sentimientos de la víctima aunque no los

entiendas. Esto significa que, incluso después de encontrar ayuda para tu amigo, debes seguir siendo alguien que siempre escucha sin juzgar. Es imposible evitar el desarrollo de opiniones personales sobre lo que un amigo debe hacer, pero es peligroso permitir que esos juicios se filtren en las conversaciones que mantengas con él. No vayas más allá de buscar el consejo de los expertos en el campo de las relaciones abusivas. Tu reacción visceral, por ejemplo, tal vez fuera criticar al abusador, lo que podría conducirlo de nuevo a sus brazos. Es mucho más productivo expresar preocupación de manera reconfortante sobre los aspectos no saludables de la relación.

Hay muchas maneras de ayudar a las víctimas de abusos: un primer paso importante es dejar que tu amigo sepa que estás allí para ayudar, que te importa.

Hay que elogiar a quienes expresan el deseo de abandonar la relación abusiva y tienes que decirle con rotundidad que apoyarás sus decisiones pase lo que pase.

Señala que se necesita valor y fortaleza para tomar una decisión tan audaz. Dile a tu amigo que has aprendido mucho sobre las relaciones abusivas. Ahora es el momento en que debe confiar en los demás: padres, profesores, trabajadores sociales, religiosos o incluso funcionarios encargados de hacer cumplir la ley. No se trata de acusar a nadie, sino de salvar a un ser querido.

Quienes ayudan a una víctima de abuso deben recordar que representan una parte significativa de su red de seguridad, y que pueden hacer sugerencias que no requieren formación ni experiencia profesional, como instar a la persona maltratada a participar en actividades que le interesen, como deportes, teatro, clubes escolares, películas o conciertos. Si la persona abusada no ha forjado todavía un compromiso para alejarse del abusador, esas actividades lúdicas le permitirán comparar los sentimientos positivos, despreocupados, con los momentos estresantes y de emotividad exacerbada que la relación conlleva. El abusador probablemente no aporte más que tristeza, soledad e incluso ira a la vida de la víctima. Los amigos, por el contrario, significan alegría, camaradería y paz interior. Y en cualquier caso debes proporcionar a tu amigo apoyo y amistad mientras recibe la ayuda de los expertos.

Otra cosa importante es la posibilidad de ayudar a la persona en cuestión a pasar tiempo lejos del abusador, aunque tú no puedas sacarlo permanentemente de su

EL PROYECTO CLOTHESLINE

Una forma única para ayudar a crear conciencia sobre la violencia contra las mujeres es participar en el Proyecto Clothesline [Tendedero]. El programa se inició en 1990 en Cape Cod, Massachusetts. Comenzó como un vehículo para que las mujeres afectadas por la violencia doméstica expresaran sus emociones, pero también puede utilizarlo cualquier persona para hacer una declaración contra la violencia de pareja.

El proyecto Clothesline pide a la gente que decore una camiseta, de forma que exprese sus sentimientos sobre la violencia contra las mujeres. Los artistas cuelgan después esa camiseta en un tendedero exterior para que los transeúntes la vean. Las camisetas sirven en primer lugar como testimonio del problema de la violencia contra la mujer en la sociedad estadounidense. Sin embargo, los esfuerzos de aquellos que respaldan el Proyecto Clothesline han ayudado a convertirlo en una iniciativa global.

vida. Solo los agentes de la ley pueden tomar medidas para que esto suceda cuando las pruebas de abuso sean fehacientes.

Tu amigo debe saber que la National Domestic Violence Hotline insta a las víctimas a que conserven las pruebas de abuso físico tomando fotos de las lesiones y lleven un registro de los incidentes violentos y las amenazas.

UNA GUÍA ÚTIL

En el sitio Love is Respect puede descargarse una guía de

La guía de seguridad proporcionada por Love is Respect ofrece conocimientos y orientación para quienes sufren una relación abusiva.

seguridad para los adolescentes que quieren escapar de una relación abusiva. Es muy conveniente para las víctimas de abusos, ya que ofrece consejos para mantener la salud física y emocional en la vida cotidiana.

Entre las sugerencias se cuentan mantener contacto con un adulto de confianza en todo momento, alejarse de lugares aislados y no caminar solo, evitar todo contacto verbal con el abusador y llamar al 911 si se presenta una situación peligrosa. Las víctimas también pueden solicitar una orden de alejamiento para garantizar legalmente que el abusador no se acerque a ellas.

La guía ofrece espacio para anotar los teléfonos de contactos de confianza, como miembros de la familia y amigos, así como de las fuerzas del orden, las organizaciones locales que trabajan para erradicar este tipo de violencia, e incluso de albergues juveniles. Incluye una lista de autoridades escolares, como orientadores, entrenadores, maestros, administradores y personal de seguridad con quienes la persona maltratada puede contar si necesita un refugio. Permite a la víctima acceder a una lista de posibles acciones encaminadas a mantener su seguridad en situaciones sociales. Entre los consejos útiles están asegurarse de que los amigos con quienes sale tengan el celular a mano en todo momento, por si se separan y surge una situación peligrosa. La víctima también debe abstenerse de visitar centros comerciales, restaurantes y tiendas que el abusador acostumbre a frecuentar.

Las distintas listas de comprobación de la guía sirven como recordatorio constante de que tú y otros están disponibles para ayudar. Proporciona espacios para anotar los nombres y números de teléfono a los que llamar tanto durante una emergencia como si la víctima, sencillamente, se siente deprimida o asustada, y un espacio donde consignar información sobre contactos esenciales como la National Teen Violence Dating Hotline, organizaciones locales que luchan contra la violencia doméstica y organismos locales que ofrecen asistencia jurídica gratuita.

Debes insistir en que hay mucho a tener en cuenta cuando se trata de estar a salvo mientras se rompen los

La reflexión puede ayudar a la víctima de una relación abusiva a descubrir el mejor método para mantenerse alejada de su pareja.

vínculos de una relación abusiva. La guía posibilita que las víctimas listen precauciones cruciales, como llevar un celular con los números importantes a mano en todo momento, cerciorarse de que un adulto de su confianza sepa siempre dónde está, evitar los lugares aislados, y mantener puertas y ventanas cerradas cuando esté sola en casa.

Incluso la seguridad física de puertas cerradas en el hogar tiene riesgos si se está en línea. La guía hace hincapié en que las víctimas de relaciones abusivas deben abstenerse de escribir cualquier cosa en línea que no expresarían en persona. Solo los padres y tutores deben tener acceso a las contraseñas. Los textos amenazantes o violentos, los correos electrónicos y los mensajes enviados por el abusador se deben guardar. La persona en cuestión debe tener acceso en el hogar a la identificación de llamadas, lo que permite neutralizar el acoso telefónico. Si el contacto del abusador no se detiene, hay que cambiar los nombres de usuario, las direcciones de correo electrónico y número de celular. Es esencial que la víctima corte cualquier contacto personal con el abusador.

Es tu deber ayudar a tu amigo o amiga a seguir las normas de la guía; debe hacer dos copias, una para ti y otra para un adulto de confianza. Muchas de las víctimas tienden a volver a la fase verde del Ciclo del Abuso, como se explica en la web citada anteriormente. No debes intentar analizar por qué la persona en cuestión parece meterse de nuevo en las garras de un abusador que se disculpa. Careces de la capacitación necesaria para interpretar tal psicología y devolver a la víctima al camino correcto. Pídele, en lugar de ello, que se ponga en contacto con un orientador, un profesional de salud mental o un especialista en relaciones abusivas como los que consigna la National Domestic Violence Hotline. Tu preocupación es comprensible si la víctima parece retroceder, pero las indicaciones dadas por alguien que carece de la formación debida, como tú, pueden hacer más mal que bien.

Tienes que comprender que la vuelta a una relación potencialmente abusiva no es la única decisión negativa que las víctimas pueden tomar. Hay otras que también conllevan graves peligros.

CAPÍTULO CINCO

QUÉ HACER Y QUÉ NO HACER

Cuando se tiene un amigo o amiga preso en una relación abusiva, se debe abogar por su causa. Debes ayudarlo a decidir qué no hacer, así como a descubrir cuál es la mejor manera de actuar. La inacción es el único camino no permisible.

No hacer nada es especialmente frecuente entre los hombres, a pesar de que uno de cada siete han sufrido violencia física grave por parte de su pareja, según Katie Ray-Jones, consejera delegada de la National Domestic Violence Hotline. Katie informa que solo el cinco por ciento de las personas que llaman, chatean o envían mensajes de texto a Love is Respect son hombres, y que solo uno de cada cuatro reconoce que sufre una relación abusiva.

"Las víctimas masculinas normalmente no reportan sus experiencias, posiblemente a causa de la vergüenza", dice Ray-Jones. "Esto se debe a cómo ha definido la masculinidad la sociedad estadounidense. Las experiencias de las víctimas masculinas son a menudo similares a las de las mujeres. Los hombres reportan abuso verbal y físico, así como muchos de los comportamientos controladores que denuncian las víctimas

A pesar de que huir resulta tentador para los que están inmersos en relaciones abusivas, no es solución permanente y a veces resulta muy peligroso, tanto física como emocionalmente.

femeninas. Sin embargo, las investigaciones demuestran que el abuso físico experimentado por las mujeres a manos de su pareja masculina conlleva más lesiones, y la fuerza física es más violenta".

ABUSO POR LOS NÚMEROS

La firma de cosméticos Mary Kay se ha asociado con Love is Respect para analizar la concienciación sobre la violencia doméstica en Estados Unidos. Utilizan una encuesta anual para determinar si el problema está creciendo, y si la conciencia nacional sobre él es mayor o menor.

La encuesta revela que la concienciación sobre la violencia doméstica va en aumento y demuestra un optimismo importante entre los jóvenes respecto de su erradicación: la mitad de los de la generación del nuevo milenio piensa que puede eliminarse. La encuesta también deja ver que, para muchos, la educación sobre relaciones saludables es decisiva.

Los resultados del estudio demuestran que casi un tercio de los encuestados experimentó, personalmente o a través de algún conocido, relaciones abusivas. Más del 70 por ciento afirmó que sabría cómo reaccionar si tuvieran conocimiento de un caso de esta índole, pero solo la mitad dijo que intervendría al enterarse de que un conocido sufría una relación verbal o físicamente abusiva.

"Es alentador ver que los estadounidenses están cada vez más concienciados e informados sobre el tema de la violencia doméstica", dijo Brian Pinero, director general de programación de la National Domestic Violence Hotline y de Love is Respect. "Sin embargo, muchos luchan aún por reconocer los signos de abuso: hace falta más educación para tener la certeza de que adultos y adolescentes están forjando relaciones sanas".

EVITAR ENCUENTROS EMBARAZOSOS

Ya se trate de un chico o una chica, homosexual o heterosexual, es necesario esforzarse para mantenerlo alejado del abusador, salvando los eventuales obstáculos, como la coincidencia de ambos en la misma clase. En tales casos, será preciso hablar con el profesor, el orientador escolar o el director del centro. El conocimiento de la naturaleza de su relación desencadenará la acción y provocará la separación entre agresor y víctima.

Si ambos pertenecen a los mismos clubes extraescolares, deportivos o de otra índole, también hay formas de hacer frente a la situación. Una es dejar la actividad, aunque es la menos adecuada. Después de todo, participar en actividades placenteras resulta terapéutico y es una distracción potencialmente maravillosa para las víctimas de relaciones abusivas. Una segunda opción, más digna de fomentarse, es hablar con los entrenadores o responsables del club.

El adulto tomará las medidas necesarias para mantener

Hablar con un profesor, un entrenador o un orientador escolar es una de las mejores formas de combatir los efectos del abuso de pareja.

segura a la víctima en el entorno escolar. Una tercera posibilidad es solicitar una orden de alejamiento contra el abusador. Eso no va a colocar a víctima y agresor en escuelas separadas, pero hará que el centro donde estén modifique los horarios de clase y almuerzo, así como la asignación de casilleros, para forzar el máximo de separación posible. El centro está en condiciones de suministrar personal y servicios para atender las necesidades de la víctima. Mediante la concienciación sobre el abuso, el centro escolar podrá notificar a los agentes de la ley si el abusador transgrede la orden de alejamiento.

NO DEJES QUE TU AMIGO SE FUGUE

En ocasiones parece que todo se pone en contra de la víctima y es lógico que esta piense que lo mejor sería fugarse, pero la fuga es una reacción muy peligrosa para las relaciones abusivas. La huida tal vez pueda recomendarse a los adultos que viven con parejas maltratadoras, o incluso ser considerada como último recurso para adolescentes que sufran abuso físico en casa y se sientan atrapados y en peligro. Sin embargo, no es una opción para el adolescente víctima de una relación abusiva. Los amigos tal vez piensen que han sugerido suficientes medios de protección, incluyendo la consulta a expertos, poner al corriente a las personas más queridas, pasar tiempo lejos del abusador y utilizar una guía de seguridad… pero deben tener en cuenta las señales de peligro que preanuncian una posible fuga.

Entre ellas se cuentan dramáticos cambios de humor, problemas de comportamiento o de asistencia al centro escolar, regalar la ropa u otros objetos de valor, pedirte que te quedes con su dinero y formular preguntas del tipo "¿Crees que alguien me echaría de menos si me voy de casa?". Te será de ayuda informarte sobre lo que supone vivir en la calle para un adolescente antes de acercarte, preocupado, a tu amigo. Después de todo, los adolescentes sin hogar son mucho más propensos a ser víctimas de delincuentes y agresores sexuales. Los que se van de casa muestran tasas significativamente más altas de depresión y consumo de alcohol y drogas, y las chicas son más propensas a quedarse embarazadas. Tal vez puedas comentarle todo esto a la persona en cuestión esperando que tome la decisión de no marcharse.

Huir corriendo literalmente de una relación abusiva no es la solución. Si sospechas que tu amigo está considerándolo, habla con un orientador escolar o con un especialista en abuso como los que recomienda la National Domestic Violence Hotline. Tal vez puedas ofrecerle alojamiento en tu casa durante un par de días. Esto serviría para confundir al agresor respecto al paradero de la víctima, y aumentaría la sensación de confort y seguridad de esta. También aportaría tiempo para convencer a tu amigo de que hay opciones más positivas que huir.

MANTENTE SEGURO

La frustración y la preocupación por tu amigo podrían hacerte pensar en un enfrentamiento con su abusador. Es importante rechazar tales impulsos, porque el resultado podría no solo ser contraproducente, sino también peligroso. Ray-Jones hace hincapié en que han de evitarse a toda costa. "Concéntrate en tu amigo, no en su pareja abusadora", dice. "Incluso si conserva su pareja es importante que siga sintiéndose cómoda hablando contigo del asunto. No hables mal del abusador a tu amigo ni a otros. No te comuniques con el agresor ni postees cosas negativas sobre él en las redes sociales. La situación de tu amigo no haría otra cosa que empeorar... La pareja abusadora comenzaría a intentar separarte de ella".

Este último punto es especialmente relevante. Un amigo solo continúa siendo una influencia positiva si es de confianza y está disponible. Hacer parte al abusador del plan para escapar de él menoscabaría tu poder y debilitaría a la víctima. Además, hacer que el abusador sea consciente de las influencias externas resultaría peligroso para todos los implicados.

Estás llevando a cabo una misión altruista. Tratas de ayudar a alguien necesitado y muy posiblemente en peligro. Sin embargo, tu objetivo no es arrebatar a tu amigo del abusador para que tenga más tiempo libre que pasar contigo. Tu tarea principal es asegurarte de que reciba la ayuda de personas formadas profesionalmente para ello. No permitas que tu ego interfiera. Solo entonces podrá la víctima dar los pasos que la lleven al camino de la libertad y la felicidad.

10 GRANDES PREGUNTAS PARA EL ORIENTADOR ESCOLAR

1. ¿DEBO PEDIRLE A MI AMIGO QUE VENGA A HABLAR CON USTED AUNQUE NO ESTÉ SEGURO DE QUE SUFRA UNA RELACIÓN ABUSIVA?

2. ¿CUÁLES SON LOS INDICIOS MÁS REVELADORES DE QUE MI AMIGO SUFRE ABUSO EMOCIONAL?

3. ¿QUÉ ACTIVIDADES ESCOLARES SON RECOMENDABLES PARA LOGRAR QUE MI AMIGO RECUPERE LA

Una fuerte autoestima libre de abusos es crucial para quienes deseen disfrutar sus años de adolescencia.

AUTOESTIMA PERDIDA?

4 ¿DEBEN LOS PADRES SABER QUE SOSPECHO UN ABUSO DE PAREJA?

5 ¿QUÉ PUEDE HACER LA ESCUELA PARA MANTENER A LA PAREJA SEPARADA SI MI AMIGO QUIERE ROMPER LA RELACIÓN?

6 ¿HEMOS LLEGADO AL PUNTO EN QUE DEBERÍA HABLAR CON ESPECIALISTAS LOCALES DE VIOLENCIA DOMÉSTICA?

7 ¿CÓMO CONVENCERÍA A MI AMIGO PARA QUE ACTUARA?

8 ¿CÓMO PUEDE EL ABUSO EMOCIONAL SER MÁS PERJUDICIAL QUE EL FÍSICO?

9 ¿CUÁL ES LA MEJOR FORMA DE ASEGURAR QUE MI AMIGO NO HUIRÁ?

10 ¿QUÉ PROFESOR DEL INSTITUTO SERÁ DE MÁS AYUDA PARA MI AMIGO?

GLOSARIO

ABOGAR Trabajar en beneficio de una persona o causa.

APLACAR Apaciguar a través de la sugestión o la acción.

ARRIESGAR Poner en peligro a alguien o algo.

AUTOSUFICIENCIA Capacidad para realizar todas las tareas necesarias de la vida cotidiana.

COACCIONAR Obligar por la fuerza o la intimidación física o emocional.

CONFIDENCIALIDAD Mantener algo secreto entre dos o más personas.

DIGRESIÓN Táctica para que alguien olvide el motivo de preocupación.

EMPODERAR Fortalecer a otra persona mental o emocionalmente.

INADECUACIÓN Falta de confianza y autoestima.

INTIMAR Estrechar las relaciones con una persona.

INTIMIDAR Llenar de miedo.

MANIPULAR Influir con habilidad pero arteramente.

MENOSPRECIAR Atacar a alguien para debilitarlo emocionalmente.

ORIENTAR MAL Guiar, conducir erróneamente.

PLATÓNICO Amistad o relación no romántica.

RETRAÍDO Tímido o poco sociable.

TERAPÉUTICO Que cura o hace que uno se sienta mejor física o emocionalmente.

VALIDAR Confirmar la viabilidad de una acción o persona.

PARA MÁS INFORMACIÓN

Battered Women's Justice Project
1801 Nicollet Avenue S.
Suite 102
Minneapolis, MN 55403
(612) 8248768
Sitio web: http://www.bwjp.org
Este grupo promueve la justicia y la seguridad para las víctimas de la violencia de pareja y sus familias.

Canadian Women's Health Network
419 Graham Avenue, Suite 203
Winnipeg, MB 43C 0M3
Canada
Sitio web: http://www.cwhn.ca
Esta organización nacional voluntaria aboga por la salud de las mujeres canadienses.

Center for Relationship Abuse Awareness 555 Bryant Street #272 Palo Alto, CA 94301 (650) 7526768 Sitio web: http://stoprelationshipabuse.org
Esta organización proporciona concienciación y formación a comunidades, escuelas y jóvenes que intentan tomar acciones colectivas contra la violencia de género.

Futures Without Violence
100 Montgomery Street,
The Presidio San Francisco, CA 94129
(415) 678550
Sitio web: https://www.futureswithoutviolence.org
Esta organización trabaja para ayudar a los adolescentes a

acabar con el abuso de pareja mediante programas y políticas de desarrollo que estimulen la acción pública.

Kids Help Phone Canada
300439 University Avenue
Toronto, ON M5G 1Y8
Canada (416) 5865437
Sitio web: http://kidshelpphone.ca
Esta agencia proporciona ayuda las veinticuatro horas a los jóvenes que sufren muy variados problemas.

National Coalition Against Domestic Violence
1 Broadway Street, B210
Denver, CO 80203
(303) 8391852
Sitio web: http://www.ncadv.org
Esta organización trabaja para cambiar las políticas públicas, aumentar la comprensión de la violencia doméstica y crear programas a fin de intentar establecer una sociedad con tolerancia cero hacia el abuso doméstico.

National Domestic Abuse Hotline
PO Box 161810
Austin, TX 78716
(800) 7997233
Sitio web: http://www.thehotline.org
Esta línea de veinticuatro horas proporciona servicios gratuitos y confidenciales que permiten a las víctimas de relaciones abusivas encontrar seguridad y un camino de escape.

National Network to End Domestic Violence
1325 Massachusetts Avenue NW
7th Floor

Washington, DC 200054188
(202) 5435566
Sitio web: http://nnedv.org
La NNEDV se dedica a crear un entorno social, político y económico capaz de acabar con la violencia contra las mujeres.

US Department of Justice
950 Pennsylvania Avenue
Washington, DC 205300001
(202) 5142000
Sitio web: https://www.justice.gov/ovw
Esta agencia gubernamental trata de identificar y prevenir la discriminación sexual en las fuerzas del orden encargadas de las agresiones sexuales y la violencia doméstica.

SITIOS WEB

Debido a la naturaleza cambiante de los links de internet, la Editorial Rosen ha confeccionado una lista en línea de sitios web relacionados con el tema de este libro. Este sitio se actualiza con regularidad. Utiliza el siguiente enlace para acceder a la lista:

http://www.rosenlinks.com/HCIH/abuse

LECTURAS ADICIONALES

Anderson, Laurie Halse. *Speak*. New York, NY: Square Fish Books, 2011.

Canfield, Jack, Mark Victor Hansen, and Kimberly Kirberger. *Chicken Soup for the Teenage Soul: Love and Learning*. New York, NY: Back List LLC, 2012.

Covey, Sean. *The 7 Habits of Highly Effective Teens*. New York, NY: Touchstone Books, 2014.

Eastham, Chad. *The Truth About Breaking Up, Making Up, and Moving On*. Nashville, TN: Thomas Nelson Publishers, 2013.

Eastham, Chad. *The Truth About Dating, Love, and Just Being Friends*. Nashville, TN: Thomas Nelson Publishers, 2011.

Elliott, Susan. *Getting Past Your Breakup: How to Turn a Devastating Loss into the Best Thing That Ever Happened to You*. Boston, MA: De Capo Lifelong Books, 2009.

Fairweather, Lynn. *Stop Signs: Recognizing, Avoiding, and Escaping Abusive Relationships*. Berkeley, CA: Seal Press, 2012.

Fonda, Jane. *Being a Teen: Everything Teen Girls & Boys Should Know About Relationships, Sex, Love, Health, Identity & More*. New York, NY: Random House, 2014.

Holyoke, Nancy. *A Smart Girl's Guide: Surviving Crushes, Staying True to Yourself, and Other (love) Stuff*. Middletown, WI: American Girl, 2013.

Hunter, Joanna V. *But He'll Change: End the Thinking That Keeps You in an Abusive Relationship*. Center City, MN: Hazelden Publishing, 2009.

Levy, Barrie, and Patricia Occhiuzzo Giggans. *When Dating Becomes Dangerous: A Parent's Guide to Preventing Relationship Abuse*. Center City, MN: Hazelden Publishing, 2013.

Manecke, Kirt. *Smile & Succeed for Teens: A Crash Course in FacetoFace Communications.* Milford, MI: Solid Press, 2014.

Waldal, Elin Stebbins. *Tornado Warning: A Memoir of Teen Dating Violence and Its Effect on a Woman's Life.* Carlsbad, CA: Sound Beach Publishing, 2011.61

BIBLIOGRAFÍA

Center for Relationship Abuse Awareness. "How to Help a Friend Who Is Being Abused." 2015. http://stoprelationshipabuse .org/gethelp/howtohelpafriend.

Department of Health and Human Services. "Office on Women's Health: Violence Against Women. How to Help a Friend Who Is Being Abused." September 4, 2015. http://womenshealth .gov/violenceagainstwomen/gethelpforviolence/howtohelpafriendwhoisbeingabused.html.

Eastham, Chad. The Truth About Breaking Up, Making Up, and Moving On. Nashville, TN: Thomas Nelson Publishers, 2013.

Fairweather, Lynn. Stop Signs: Recognizing, Avoiding, and Escaping Abusive Relationships. Berkeley, CA: Seal Press, 2012.

Girlshealth.gov. "Running Away." February 19, 2015. http://girlshealth.gov/feelings/runaway/index.html.

Love Is Respect. "A Teen's Guide to Safety Planning." Retrieved March 2016. http://www.loveisrespect.org/pdf/TeenSafetyPlan.pdf.

Metcalf, Eric. "Are You in an Abusive Relationship?" WebMD, August 8, 2011. http://teens.webmd.com/boys/features/abusiverelationshipandteens.

National Domestic Violence Hotline. "Get the Facts and Figures." Retrieved March 2016. http://www.thehotline.org/ resources/statistics.

The National Domestic Violence Hotline. "How Can You Help a Friend or Family Member?" Retrieved March 2016. http://www.thehotline.org/help/helpforfriendsandfamily.

Ray-Jones, Katie. National Domestic Violence Hotline CEO. Interview with author, March 25, 2016.

Teens Experiencing Abusive Relationships. "Cycle of Abuse."

2007. http://www.teensagainstabuse.org/index.php?q=cycle.
Transition House. "Restraining Orders." 2015. http://www.ransitionhouse.org/gethelp/restrainingorders.

ÍNDICE

I

J

L

M

N

O

P

R

S

SOBRE EL AUTOR

Martin Gitlin es un escritor de libros educativos con residencia en Cleveland, Ohio. De 1991 a 2002 ejerció como periodista y ganó más de cuarentaicinco galardones, entre los que se encuentran el primer premio a la excelencia general de la Associated Press, que lo seleccionó como uno de los cuatro primeros editorialistas de Ohio en 2002.

CRÉDITOS FOTOGRÁFICOS

Cover antoniodiaz/Shutterstock.com; p. 4 Mita Stock Images/Shutterstock.com; p. 8 Julia Milberger/Hemera/Thinkstock; p. 10 DFree/Shutterstock.com; p. 12 Photodisc/Thinkstock; p. 14 Cathy Yeulet/Hemera/Thinkstock; p. 17 PhotoAlto/Laurence Mouton/Getty Images; p. 18 Hero Images/Getty Images; p. 20 Newspix/Getty Images; p. 25 Nonwarit/Shutterstock.com; p. 28 Jupiterimages/liquidlibrary/Thinkstock; p. 31 Mattz90/Shutterstock.com; pp. 34–35 Paul Simcock/Stockbyte/Getty Images;
p. 37 29september/Shutterstock.com; p. 39 Gawrav Sinha/E+/Getty Images; p. 43 KL Services/Radius Images/Getty Images; p. 46 Pamela Moore/E+/Getty Images; p. 50 Yellow Dog Productions/Iconica/Getty Images; cover and interior pages background images © iStockphoto.com/chaluk.

Diseñador: Brian Garvey; Investigador fotográfico: Sherri Jackson; Editora: Rachel Gluckstern.